Klaus Baumgart

Das Buch zum Film

Text von Cornelia Neudert

Baumhaus

Originalausgabe
Copyright © 2020 by Bastei Lübbe AG, Köln

Basierend auf der Geschichte und den Bildern
des Kinofilms LAURAS STERN

© 2020 Westside Filmproduktion GmbH / Rothkirch Cartoon-Film GmbH /
Animationsfabrik GmbH / Warner Bros. Entertainment GmbH

Text: Cornelia Neudert, nach dem Drehbuch von Piet de Rycker, Alexander Lindner,
Thilo Graf Rothkirch, Michael Mädel; Drehbuchbearbeitung von Claudia Seibl,
Joya Thome; basierend auf den Büchern von Klaus Baumgart

Umschlaggestaltung und Satz: Helmut Schaffer, Hofheim a. Ts.
Gesetzt aus der Goudy Old Style
Druck und Einband: Livonia Print, Riga
Printed in Latvia

ISBN 978-3-8339-0646-6

2 4 5 3 1

Sie finden uns im Internet unter baumhaus-verlag.de
Bitte beachten Sie auch luebbe.de

Inhaltsverzeichnis

Der Umzug	4
Auf dem Dach	16
Die Sternschnuppe	26
Gesucht und gefunden	38
Lauras Geheimnis	48
Ein Sternenfreund	54
Die Oper	60
Heimweh	68
Der Cellobogen	72
Der Flug über die Stadt	82
Nach Hause	98

Der Umzug

Laura schwebt durchs All. Am Fenster ihrer Rakete ziehen Planeten und Monde vorüber, sie fliegt durch Sternennebel und Lichtwolken.

»Gut, dass ich meine Rakete habe«, denkt Laura. »Mit ihr kann ich weit wegfliegen, immer wenn ich will!«

Das Dumme ist nur, dass sie irgendwann auch wieder landen muss. Und als Laura weiter zum Fenster hinaussieht, merkt sie, dass es bald so weit ist. Draußen schweben jetzt nämlich Stühle und Schränke statt Planeten, Bücher kreisen wie Monde um eine leere Kiste, und Tommys kleiner Beschütz-mich-Hund zischt vorbei wie ein Komet. Die Rakete senkt sich und fliegt in die fremde Stadt zu dem fremden Haus in der fremden Straße. Sie landet in dem fremden Zimmer, das jetzt Lauras Zimmer sein soll.

Laura krabbelt heraus. Von außen sieht ihre Rakete fast genauso aus wie die anderen Pappkartons, die überall herumstehen und in denen noch Lauras Spielsachen verpackt sind. Heute sind sie umgezogen: Lauras Papa, Lauras Mama, Lauras kleiner Bruder Tommy und die Katze Muschka. Und natürlich Laura.

Lauras Mama hat nämlich eine neue Arbeit gefunden, und zwar in der Oper. Laura hat bisher gar nicht gewusst, was das ist, denn eine Oper gibt es nur in großen Städten und nicht in dem kleinen Dorf, in dem sie bislang gewohnt haben.

»Eine Oper ist wie ein Theater«, hat Mama Laura erklärt, »nur mit viel Musik und einem großen Orchester. Und da darf ich mit meinem Cello jetzt mitspielen.«

»Aber wäre das nicht auch ohne Mamas Cello gegangen?«, denkt Laura jetzt und schaut sich in ihrem neuen Zimmer um. Da stehen zwar ihre alten Möbel, aber trotzdem sieht alles ein bisschen falsch aus. Und vor dem Fenster? Was ist da eigentlich? Laura wirft einen Blick hinaus: Vor dem Fenster ist nichts so, wie es sein soll. Überhaupt nichts! Da ist eine Dachterrasse, und dahinter ist das Hausdach. Und dahinter ein Schornstein und dahinter ein anderes Hausdach und wieder Schornsteine.

Laura geht aus dem Zimmer, die Treppe hinunter. Mama und Papa haben gerade die letzten Kisten in die Wohnung geschleppt, Tommy krabbelt herum, und Muschka rennt aufgeregt zwischen den dreien hin und her.

»Mein schöner Apfelbaum ist weg!«, sagt Laura. »Und meine Freunde! Mein Vogelhäuschen ist auch weg, meine Wippe ...«

»Und mein Beschütz-mich-Hund!!«, ruft Tommy dazwischen.

Das ist ein Notfall. Dringender als Lauras Apfelbaum. Denn ohne seinen Beschütz-mich-Hund kann Tommy nicht leben. Papa, Mama und Laura beginnen zu suchen. Aber der Beschütz-mich-Hund ist nicht in den Reisetaschen, nicht in den Umzugskisten und nicht unter den Möbeln. Er ist wirklich weg.

Vielleicht ist der Hund ja noch gar nicht hier oben in der Wohnung? Laura sieht zum Fenster hinaus.

Dort auf der Straße haben sie vorhin ihre Sachen aus dem Umzugsauto geladen. Und tatsächlich! Da! Ganz allein steht Tommys Beschütz-mich-Hund unten auf dem Gehweg!

»Ich seh ihn!«, schreit Laura. Wie der Blitz ist Tommy neben ihr und späht ebenfalls hinunter.

»Komm, Tommy, wir holen ihn«, sagt Laura und rennt los. Tommy rennt hinterher.

Die neue Wohnung liegt im vierten Stock. Die beiden müssen also eine Menge Treppenstufen hinunterlaufen, bis sie unten ankommen. Das braucht Zeit. Und währenddessen entdeckt noch jemand Tommys Hund. Nämlich Max.

Max wohnt im selben Haus, in das Laura und Tommy heute einziehen, und zwar in der Wohnung gleich neben ihnen. Aber davon weiß er noch nichts. Und natürlich weiß er auch nicht, dass Laura und Tommy schon unterwegs sind, um den Beschütz-mich-Hund zu retten.

Max ist gerade zur Pizzeria an der Ecke geradelt und hat eine Pizza geholt. Sein selbst gebasteltes Flugzeug hat er auch dabei. Max mag nämlich alles, was fliegt. Jetzt bemerkt Max Tommys Hund. Er steigt vom Rad und legt Pizzaschachtel und Flugzeug auf den Kofferraum eines Autos, das am Straßenrand parkt. Dann hebt er den Hund auf.

»Wo kommst du denn her?«, fragt er. Der Hund gibt keine Antwort. Schließlich ist er aus Holz und Stoff.

In diesem Moment fällt Max' Fahrrad um, deshalb setzt er den Hund erst mal zu der Pizza und dem Flugzeug auf den Kofferraumdeckel. Dann richtet er sein Fahrrad wieder auf.

In diesem Moment kommen Laura und Tommy aus der Haustür. Die beiden sehen sich um, aber Tommys Hund steht nicht mehr da, wo er gerade noch gestanden hat.

»Wo ist er denn, Laura?«, schnieft Tommy.

Max will gerade fragen, ob sie den kleinen Holzhund suchen, den er gefunden hat, da ruft Laura: »Da, auf dem Auto! Er fährt weg!«

»Fährt weg? Wieso fährt er weg?«, denkt Max und dreht sich um. Tatsächlich! Der Hund fährt weg! Und zwar mit dem Auto! Der Besitzer ist zurückgekommen und hat nicht gemerkt, dass auf seinem Kofferraumdeckel etwas liegt, das dort nicht hingehört.

»Meine Pizza! Mein Flieger!«, schreit Max. Er schwingt sich auf sein Rad und tritt in die Pedale. Aber er hat Laura übersehen. Sie ist nämlich auch losgerannt, dem Auto hinterher. Max kann seinen Fahrradlenker gerade noch herumreißen, aber Laura stolpert und fällt hin.

»Hey! Max!« – »Pass doch auf!« – »Blödmann!«

»Auch das noch!«, denkt Max. Harry und die anderen Kinder von nebenan! Plötzlich mitten auf dem Gehweg vor ihm! Sie rennen auseinander, Max versucht, das Gleichgewicht zu halten.

Das Auto beschleunigt. Max starrt ihm hinterher und denkt: »Mist! Meine Pizza seh ich nicht mehr wieder. Und mein schöner Flieger ist auch weg.«

Aber er täuscht sich. Das Auto muss nämlich plötzlich bremsen. Hund, Pizza und Flugzeug werden in hohem Bogen vom Kofferraumdeckel geschleudert. Der Beschütz-mich-Hund kracht auf den Gehweg, die Pizzaschachtel klappt auf und die Pizza platscht über ihn.

»Mein Beschütz-mich-Hund!!«, kreischt Tommy und rennt los, Laura humpelt hinterher.

»Oh je. Hoffentlich ist ihm nichts passiert«, denkt Max. Dann rennt er und sieht nach seinem Flugzeug.

Tommy hebt seinen Hund auf. Tomaten- und Käsereste tropfen von ihm herunter.

»Guck mal, ganz klebrig«, sagt Tommy traurig.

Laura tröstet ihn: »Ach, keine Panik. Einmal baden, und schon ist er wieder okay.«

Dass dem Hund beim Sturz ein Rad abgebrochen ist, bemerken die beiden nicht.

Harry beginnt zu lachen. Seine Freunde, die neben ihm stehen, lachen auch.

»Komm, Tommy«, sagt Laura. »Wir gehen. Mit denen wollen wir nichts zu tun haben.«

Die anderen Kinder kichern weiter.

»Tschüs! Und guten Appetit noch!«, ruft Harry.

Laura und Tommy verschwinden im Haus.

Wie Max sich bückt und ein kleines rundes Holzrad aufhebt, das zu einem Beschütz-mich-Hund gehört, sehen sie nicht mehr.

Auf dem Dach

Papa hat Laura zwar ein Pflaster auf ihr aufgeschürftes Knie geklebt, aber es tut immer noch ein bisschen weh. Deshalb drückt sie Bär und Minnie-Hase fest an sich.

Traurig starrt sie aus dem Fenster ihres Zimmers. Da sieht sie plötzlich etwas über die Dachterrasse fliegen. Ein Spielzeugflugzeug!
Laura steht auf und öffnet die Tür.
Das Flugzeug landet direkt vor ihr.

Als Laura es aufhebt, merkt sie, dass darauf mit Klebeband etwas befestigt ist. Sie macht das Klebeband ab und hält das Rad in der Hand, das Tommys Beschütz-mich-Hund verloren hat!

»Tommy!«, ruft Laura aufgeregt und läuft wieder nach drinnen. »Tommy! Rate mal, was ich gefunden habe!«

Tommy ist glücklich, als sie ihm das Rad zeigt. Zusammen stecken sie es dem Beschütz-mich-Hund wieder an. Aber Laura ist jetzt neugierig geworden. Woher ist das Flugzeug gekommen? Doch wohl von oben vom Dach! Aber wer hat es geschickt? Vielleicht eines der Kinder von vorhin?

Laura nimmt das Flugzeug in die Hand und geht wieder hinaus aufs Dach. Die Dachterrasse ist umsäumt von einer Mauer, sodass man ganz gemütlich herumspazieren kann. Muschka begleitet Laura. Zusammen erkunden sie die Gegend hier oben. Die kleine Katze verschwindet hinter einem Schornstein.

»Muschka!«, flüstert Laura.

Sie klemmt das Flugzeug unter den Arm und folgt der Katze.
Als Laura um den großen Schornstein schaut, hält sie vor Staunen den Atem an. Dort steht etwas absolut Großartiges! Ein Flugbus, gebaut aus alten Möbeln, Blech- und Plastikteilen. Muschka huscht in den Flugbus hinein.
»Nein, nicht da rein! Komm zurück!«, ruft Laura leise.

Aber Muschka kommt nicht. Da klettert Laura ihr hinterher. Sie legt das Flugzeug auf den Boden, damit sie beide Hände frei hat.

»Hallo?«, fragt sie. »Ist da jemand?«

Aus dem hinteren Teil des Flugbusses kommen plötzlich komische piepsende und ratternde Geräusche.

Laura reckt den Hals. Auf einmal springt zwischen den Sitzen eine Katze hervor. Aber es ist nicht Muschka. Es ist überhaupt keine lebendige Katze, sondern eine Katze aus Blech! Eine Art Blechkatzen-Roboter!

Laura erschrickt und macht einen Schritt rückwärts. Dabei tritt sie auf das Flugzeug, und ein Flügel bricht ab.

»Oh nein«, murmelt sie.

In diesem Moment kommt Max zum Flugbus. Er gehört nämlich ihm. Er hat ihn selbst gebaut, genauso wie das Flugzeug, mit dem er das Rad von Tommys Hund zu Laura hat segeln lassen. Als er jetzt Laura in seinem Flugbus sieht, bleibt er verwundert stehen.

»Was machst du denn hier?«, fragt er.

»Äh, hallo«, sagt Laura verlegen.

Da entdeckt Max den kaputten Flieger. Er hebt ihn auf.

»Du hast ihn zerbrochen?«, fragt er entsetzt. »Warum hast du das gemacht?«

»Das war ein Unfall«, stottert Laura. Aber dann erinnert sie sich auf einmal, dass sie sich wegen Max das Knie aufgeschürft hat, und sie wird wütend.

»Ein Unfall! Genauso wie heute Morgen, als du in mich reingerast bist!«, sagt sie.

Max schüttelt den Kopf.

»Du bist doch in mich reingerast!«, erwidert er.

»Gar nicht! Du in mich!«, ruft Laura. »Und bestimmt hast du auch Tommys Hund auf das Auto gestellt!«

Darauf sagt Max nichts.

»Wusst ich's doch!«, sagt Laura grimmig.

Muschka ist währenddessen unter den Sitzen aufgetaucht und schaut zwischen den beiden hin und her.

Laura hebt die Katze hoch und schiebt sich an Max vorbei, raus aus dem Flugbus. Max starrt zornig auf das zerbrochene Flugzeug und ruft ihr hinterher: »Also echt, du hast ja eine tolle Art, dir Freunde zu machen!«

Aber Laura schreit zurück: »Ich brauche keine Freunde! Morgen verschwinde ich eh von hier!«

»Umso besser!«, brüllt Max. »Dann muss ich dich wenigstens nicht wiedersehen!«

Laura will in der Nacht nicht in dem doofen neuen Haus schlafen. Sie schiebt ihre Rakete hinaus auf die Dachterrasse. Hier wird sie übernachten, und morgen zieht sie wieder zurück in ihr richtiges Zuhause!

Mit Bär und Minnie-Hase im Arm schaut Laura in den Nachthimmel hinauf.

»Wir folgen dem hellen Stern da«, sagt sie zu ihren Kuscheltieren. »Der führt uns nach Hause. Wir müssen nur alle zusammenhalten, dann schaffen wir es schon.«

In diesem Moment kommt Mama zu ihr heraus. Sie hört, was Laura sagt.

»Ganz genau, meine Große«, sagt sie und setzt sich zu Laura. »Ich weiß, es ist nicht leicht in einer völlig neuen Umgebung. Aber es hat sich nicht alles verändert. Siehst du die Sterne? Die sind alle noch da. Und alle am gleichen Platz.«

Zusammen schauen die beiden nach oben.

»Gibst du unserem neuen Zuhause eine kleine Chance?«, bittet Mama.

Laura seufzt.

»Na gut, aber nur eine klitze-klitze-klitze-klitze-kleine!«

Und dann geht Laura ins Bett. In ihr richtiges Bett. Die Papp-Rakete wäre vielleicht doch ein bisschen ungemütlich geworden.

Die Sternschnuppe

Als Laura im Bett liegt, kann sie nicht gleich einschlafen. Alles ist ungewohnt. Sie zieht sich ihr großes Sternenbuch über den Kopf, damit sie die fremden Lichter nicht sehen muss, die durchs Fenster hereinscheinen.

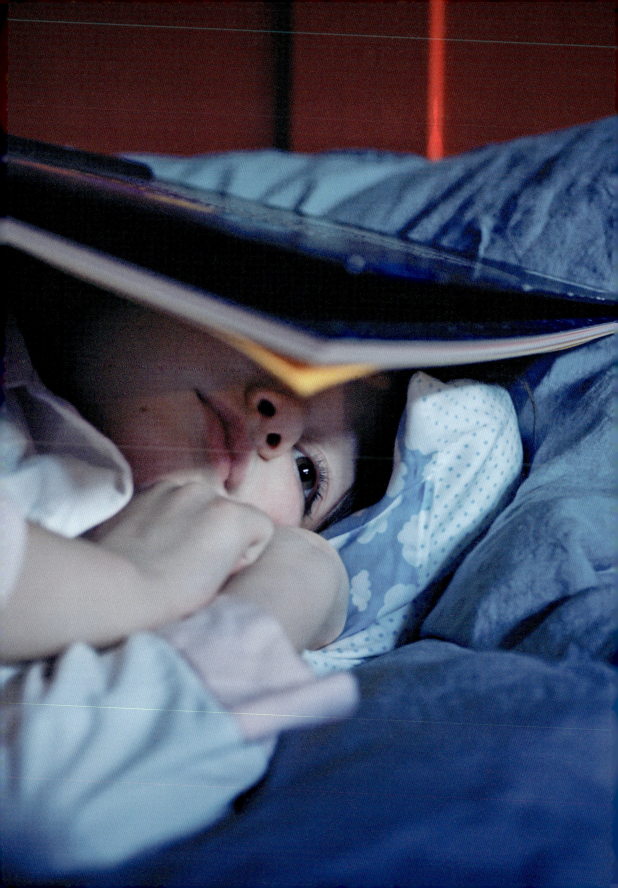

Langsam fallen ihr die Augen zu, doch plötzlich hört sie ein Geräusch. Es kommt von draußen. Laura schreckt hoch und späht durchs Fenster. Auf der Dachterrasse läuft diese merkwürdige Blechkatze herum!

»Was macht sie da?«, denkt Laura. Und weil sie jetzt wieder ganz wach ist, steht sie auf und klettert noch einmal aufs Dach hinaus. Unter sich sieht sie die Lichter der großen Stadt. Und darüber die Sterne.

Die Blechkatze trippelt Laura vor den Füßen herum und piepst und surrt. Laura hebt sie hoch und fragt: »Warum bist du denn so aufgeregt?«

Die Katze surrt weiter und dreht den Kopf so, dass sie in den Sternenhimmel sehen kann.

Mit einem Mal fährt ein Windstoß über die Dächer. Er bläht Lauras Schlafanzug, und Laura muss sich gegen ihn stemmen.

Aber gleich darauf kommt eine noch stärkere Windböe. Diesmal fegt sie Laura ins Gesicht und reißt ihr gleichzeitig die Blechkatze aus der Hand. Laura schreit erschrocken auf.

Da leuchtet am Himmel plötzlich ein Stern auf, viel heller als die anderen. Laura wird von der Katze abgelenkt und dreht den Kopf nach oben.

Ein funkelnder Lichtkörper rast auf die Erde zu. Lauras Augen weiten sich. Er kommt immer näher, saust über das Nachbardach und dann dicht über Lauras Kopf hinweg.

Der Lichtkörper rast weiter, in den nahe gelegenen Stadtpark, wo er zwischen Baumkronen verschwindet. Unzählige leuchtende Funken sinken auf Laura herab.

»Was war das denn?«, denkt Laura und starrt eine Weile mit aufgerissenen Augen hinunter in den dunklen Park. Aber von oben ist nichts mehr zu sehen.

Laura rennt ins Haus, schnappt sich ihren Morgenmantel und eine Taschenlampe und schleicht leise, um Tommy und ihre Eltern nicht zu wecken, nach unten.

Der Park ist still. Das Licht von Lauras Taschenlampe geistert über den dunklen Rasen, die Büsche und Bäume. Ein paar Kaninchen, die im Park leben, heben schnuppernd die Schnäuzchen.

Etwas Merkwürdiges geschieht heute Nacht in ihrem Park! Von den Blättern der Bäume tropfen Lichtfunken.

Wie glühende Schneeflocken sinkt der Sternenstaub auf die Wiese herunter.

Laura streckt die Hand aus, und einer der Lichtfunken fällt hinein. Er glüht noch einen Moment in ihrer Hand, dann – plipp! – erlischt er.

»Oh! Ist das schön!«, staunt Laura und sieht zu, wie es um sie herum glimmenden Sternenstaub schneit.

Da sieht sie in der Wiese eine Furche. Die Erde ist hier aufgerissen, und am Ende befindet sich ein kleiner Krater. Aus diesem Krater dringt ein sanftes Leuchten.

Laura geht näher heran und entdeckt in dem Krater – einen kleinen Stern!

»Was machst du denn hier?«, fragt Laura überrascht.

Sie kniet sich hin und hebt den Stern vorsichtig auf.

Da bemerkt Laura, dass ihm eine Zacke fehlt.

»Du Armer! Meinst du, du hast die hier verloren?«

Suchend sieht sie sich um. Aber da ist nichts. Keine Zacke.

Laura schaut durch die Baumwipfel zu den anderen Sternen am Himmel hinauf.

»Du bist ganz schön weit weg von zu Hause!«, murmelt sie. »Weißt du was? Ich kenn hier auch niemanden. Ich nehme dich einfach mit zu mir, dann musst du nicht mehr alleine sein.«

Die Park-Kaninchen sehen, wie Laura den Stern an sich drückt und mit ihm zurück ins Haus geht. Aber das ist nicht alles, was sie beobachten in dieser merkwürdigen Nacht. Außer Laura ist nämlich noch ein Kind im Park: Max. Auch er hat den Stern fallen sehen. Er war noch wach, um seinen Flieger zu reparieren, und ist in den Park gekommen, um nach dem Stern zu suchen.

Plötzlich entdeckt Max in der Wiese vor sich ein Leuchten. Er fasst zwischen die Grashalme und hebt das leuchtende Ding auf. Es ist schmal und länglich. An einer Seite läuft es spitz zu, und auf der anderen sieht es aus, als wäre es irgendwo

abgebrochen. Es ist die Zacke des Sterns. Beim Aufprall auf die Erde ist sie abgebrochen. Vor Max hat sie Angst. Deshalb liegt sie ganz still und lässt sich von ihm ins Haus tragen.

Gesucht und gefunden

In seinem Zimmer legt Max die Zacke auf den Tisch. Er will sie näher untersuchen. Deshalb dreht er sich um und holt sein Mikroskop aus dem Schrank. Die Zacke nützt die Gelegenheit. Sie springt vom Tisch und quetscht sich durch das Fenster, das nur angelehnt ist.

Als Max sein Mikroskop auf den Tisch stellt, ist die Zacke verschwunden.

»Hä?«, murmelt er. »Ich glaub, ich spinne. Irgendwo muss das Ding doch sein!«

Er beginnt zu suchen. Unter dem Tisch. Auf dem Boden. Im Papierkorb. Nichts.

Max schüttelt den Kopf. Hat er vielleicht nur geträumt? Da sieht er die Zacke wieder. Sie hüpft übers Dach, hinüber zu Lauras Wohnung. »Was?«, keucht Max erstaunt. »Das kann sich bewegen? He, warte!«

Er klettert aufs Dach hinaus und folgt der Zacke. Aber sie ist schneller und witscht durch ein anderes Fenster wieder ins Haus. Max bleibt nichts anderes übrig, als in sein Zimmer zurückzugehen. Doch das merkwürdige leuchtende Ding geht ihm nicht mehr aus dem Kopf.

Die Zacke ist jetzt schon in der richtigen Wohnung, aber noch nicht im richtigen Zimmer. Sie ist bei Tommy gelandet. Und der wacht jetzt auf.

»Hm?«

Als er die Zacke sieht – dieses leuchtende, hüpfende Ding –, bekommt er Angst.

»Mama? Papa?«, flüstert er und tastet nach seinem Beschütz-mich-Hund. Aber die Zacke hopst nur quer durch sein Zimmer, schlängelt sich dann unter der Tür durch in den Flur und ist wieder weg.

Laura hat währenddessen den Stern in ihr Zimmer gebracht und zeigt ihn ihrem Bären und ihrem Minnie-Hasen.

»Guckt mal, was ich im Park gefunden habe! Ist der nicht schön?«

Vorsichtig streichelt Laura den Stern mit dem Finger und legt ihn auf ihre Kommode. Dann dreht sie sich um, zieht ihren Morgenmantel aus und hängt ihn an den Haken. Kaum schaut sie nicht mehr in seine Richtung, hüpft der Stern ans andere Ende des Regals. Er sucht nach seiner Zacke. Laura wendet sich wieder um.

»Warst du nicht eben da drüben?«, fragt sie verwundert.

In diesem Moment quetscht sich die Zacke unter der Tür hindurch ins Zimmer. Glücklich hüpft der Stern ihr entgegen.

»Du lebst!«, ruft Laura. Da entdeckt sie die Zacke, die jetzt fröhlich um den Stern herumspringt.

»Ich glaub, ich träume!«

Laura starrt Stern und Zacke sprachlos an. Dann versteht sie.

»Das ist ja deine abgebrochene Zacke!«, sagt sie und greift nach ihr.

Aber der Stern und seine Zacke hüpfen wie wild im Zimmer herum. Sie wollen sich nicht von Laura einfangen lassen.

»Ich tu euch doch nix!«, flüstert Laura ganz außer Atem.

Laura weiß nicht, dass Tommy inzwischen wach geworden ist. Mit gespitzten Ohren horcht er auf die Geräusche in Lauras Zimmer.

»Wollen wir mal nachschauen, was da los ist?«, flüstert er seinem Beschütz-mich-Hund zu. Der Beschütz-mich-Hund ist dafür nachzusehen. Also krabbelt Tommy mit klopfendem Herzen aus dem Bett.

Bei Laura ist es inzwischen wieder leiser. Stern und Zacke sind nämlich bei ihrem Herumgehopse gegeneinander gerempelt und auf den Boden gefallen.

»Das habt ihr nun von eurer Rumhampelei«, sagt Laura. Sie hebt die beiden vorsichtig auf und legt sie auf ihren Tisch, um sie sich näher anzuschauen.

»Was mach ich denn jetzt mit euch?«

Laura überlegt. Und dann hat sie eine Idee. Ein Pflaster! Mit einem Pflaster kann sie die beiden Teile wieder zusammenkleben! Laura klappt ihren Arztkoffer auf und sucht ein schönes großes Pflaster aus. Damit klebt sie sorgfältig die Zacke wieder an den Stern.

»So, fertig. Ich hoffe, es sitzt nicht zu fest«, sagt sie.

Der Stern wackelt mit seinen fünf Zacken und hopst auf den Tisch. Das Pflaster scheint zu halten.

»Sieh mal, es ist genau wie meins!« Laura zieht ihre Schlafanzughose hoch und zeigt das Pflaster auf ihrem Knie.

Aber der Stern interessiert sich jetzt nicht für Lauras Pflaster. Er muss ausprobieren, ob er wirklich wieder ganz ist.

Langsam löst er sich vom Schreibtisch und beginnt, nach oben zu schweben. Laura reißt vor Staunen die Augen auf.

»Du fliegst ja!«, ruft sie.

Der Stern tanzt übermütig durch die Luft und sprüht Fünkchen von Sternenstaub. Er ist wieder ganz!

»Du bist ein richtiger Stern. Ein richtiger fliegender Stern!«, staunt Laura.

Bei der Verfolgungsjagd vorhin sind ein paar Sternenstaubfünkchen auf Lauras Stofftiere gefallen. Und plötzlich bemerkt sie, dass Bär und Hase lebendig geworden sind! Sie können sich bewegen und im Zimmer herumlaufen und klettern!

»Du warst das!!«, sagt Laura zum Stern. »Du hast sie verzaubert, stimmt's?«

Noch jemand außer Laura beobachtet mit offenem Mund die Verwandlung der Stofftiere: Tommy. Er steht schon eine ganze Weile vor Lauras Zimmertür und späht durchs Schlüsselloch. Als Laura sich der Tür nähert, läuft er schnell in sein Zimmer zurück. Dass dabei das Rad von seinem Beschütz-mich-Hund wieder abgeht, bemerkt Tommy nicht.

Laura bringt Bär und Minnie-Hase ins Bett und kuschelt sich dann selbst in ihr Kissen. Der Stern darf neben ihr liegen.

»Jetzt hab ich meinen eigenen Stern«, denkt Laura. »Einen richtigen Zauberstern!«

Zum ersten Mal an diesem Tag fühlt sie sich vollkommen glücklich.

»Gute Nacht, kleiner Stern«, flüstert sie. »Träum was Schönes!«

Lauras Geheimnis

Als Laura am nächsten Morgen aufwacht, schaut sie gleich nach dem Stern. Aber er liegt nicht mehr auf dem Kissen.

»Mein Stern!«, ruft sie. Nichts. Laura springt auf und fängt an, ihre Bettdecke zu durchwühlen.

Auch nichts.

Der Stern ist weg.

Plötzlich kommt Laura ein schrecklicher Gedanke. Vielleicht war ja alles nur ein Traum? Die Sternschnuppe, der Funkenregen im Park, die Zacke und das Pflaster – alles nur geträumt!

Laura hört am Fenster ein Geräusch. Ob das vielleicht ihr Stern ist? Sie reißt die Vorhänge auf. Draußen sieht sie aber nur Max auf seinem Balkon. Er schleppt ein Brett herum. Was er wohl bastelt? Ein neues Fluggerät? Aber Laura hat jetzt andere Probleme. Sie muss herausfinden, ob sie nur geträumt hat!

Noch einmal sieht sie sich suchend im ganzen Zimmer um. Dann fallen ihr die Stofftiere ein. Sie stürzt zu ihrem Puppenbett und ruft: »He, Bär! Bär! – Minnie-Hase?«

Der Bär rappelt sich unter der Decke hoch, und der Hase fährt sich schläfrig mit der Pfote über die Knopfaugen. Lauras Herz beginnt wild zu pochen vor Freude.

»Also war's doch kein Traum!«, lächelt sie. Aber wohin ist nur ihr Stern verschwunden?

Da entdeckt Laura auf dem Boden das Rad von

Tommys Beschütz-mich-Hund. Ihr kleiner Bruder hat wohl gestern spioniert! Und vielleicht mehr von ihrem Geheimnis entdeckt, als sie möchte. Immer muss er sich in alles einmischen! Laura wird wütend.

»Tommy!«, schreit sie.

Schon als sie die Treppe hinunterrennt, hört sie aus der Küche Tommys Geplapper. Er steht bei Mama und erzählt ihr – von Lauras Stern!

»Wirklich, Mama! Ein richtiger Stern! Er glitzert und macht Funken, und Laura hat ihn bei sich im Zimmer versteckt«, sagt er gerade, als Laura in die Küche gerannt kommt.

»Glaub ihm kein Wort, Mama! Tommy lügt!«, ruft sie.

»Mhm«, macht Mama. Sie hört nicht richtig zu, weil sie gerade telefoniert.

»Ich lüge gar nicht!«, protestiert Tommy. »Ehrlich, Mama! Ein echter Stern, und er hat sogar Lauras Stofftiere lebönnigmmpf.«

Seine letzten Worte klingen ziemlich dumpf, denn Laura hat ihm schnell den Mund zugehalten.

»Halt den Mund, Tommy, sonst gibt's Ärger!«, zischt sie ihm ins Ohr. Tommy grummelt als Antwort etwas Unverständliches unter ihren Händen hervor.

Da entdeckt Laura plötzlich den Stern.

Hinter dem Stern her jagt Muschka. Da lässt Laura Tommy los und rennt hinter der Katze her.

»Muschka, lass ihn!«, ruft sie.

Endlich bekommt Laura den Stern zu fassen und presst ihn an sich.

»Miau!«, macht Muschka beleidigt, dreht sich um und schleicht davon. Aber in der Küche bereitet sich schon die nächste Katastrophe vor. Laura hört nämlich, wie Tommy sagt: »Guck, Mama! Jetzt guck doch mal! Sie sind lebendig! Und ich kann's beweisen!«

Er hält Bär und Minnie-Hase im Arm und will sie Mama zeigen. Laura reißt ihm ihre Stofftiere aus der Hand. Mama ist zum Glück immer noch mit Telefonieren beschäftigt.

»Tommy! Hör endlich auf, dich in meine Sachen einzumischen!«, faucht Laura. »Das ist mein Stern!«

Tommy verzieht das Gesicht.

»Na gut«, sagt er. »Aber dafür darf ich mir was wünschen!«

»Und was?«, fragt Laura.

Tommy hält ihr seinen Beschütz-mich-Hund entgegen.

»Mach ihn lebendig!«, sagt er.

Laura überlegt kurz. Dann hält sie ihm die Hand hin.

»Na gut. Schlag ein, du Erpresser«, knurrt sie.

Tommy grinst und schlägt ein.

Ein Sternenfreund

Laura will nicht in der Wohnung bleiben. Sie versteckt ihren Stern mit Bär und Minnie-Hase in ihrem Rucksack, dann schleicht sie sich nach draußen. Im Aufzug steht Max. Er hält ihr die Tür auf, damit Laura einsteigen kann. Aber mit diesem Blödmann will Laura nicht in eine kleine Aufzugkabine eingepfercht sein!

Sie springt die Treppe hinunter. Und bei jedem Hüpfer merkt sie, wie der Stern im Rucksack mit ihr nach oben schwebt. Es fühlt sich federleicht und wunderbar an!

Laura geht in den Park. Sie legt sich unter einen Baum und zeigt dem Stern die Blätter über ihnen.

»Fast wie zu Hause«, sagt sie.

Da reißt ihr plötzlich jemand den Rucksack aus dem Arm. Es sind Harry und seine Freunde. Laura springt auf und erkennt die drei Jungs von gestern. Wieder lachen die drei über sie.

»Hey, das ist mein Rucksack!«, schreit Laura.

»Hol ihn dir doch!«, ruft Harry.

Er wirft ihn einem seiner Freunde zu.

»Gib ihn zurück!«

Wütend versucht Laura, sich den Rucksack zu schnappen, aber gegen drei hat sie keine Chance. Zum Glück ist der Stern da und hilft mit. Er schwebt hoch. Der Rucksack rutscht dem Jungen einfach aus den Händen und fliegt Laura in die Arme.

Völlig verdutzt bleiben die Jungs zurück, und Laura läuft fröhlich davon.

»Danke, Stern, das war echt cool von dir«, sagt sie leise zu ihrem Stern im Rucksack. »Aber du darfst es nicht übertreiben, weißt du? Sonst werden die Menschen nur neugierig.«

Nun beginnt für Laura eine schöne Zeit. Es ist wunderbar, mit dem Stern zusammen etwas zu unternehmen. Die beiden spielen im Park Verstecken. Sie planschen zusammen in der Badewanne. Und Laura liest dem Stern aus ihrem Weltall-Buch vor.

Manchmal ist auch Tommy mit dabei. Der Stern hat auch seinen Beschütz-mich-Hund lebendig gemacht, genau wie Bär und Minnie-Hase.

Um dem Stern eine Freude zu machen, klebt Laura ein großes Plakat mit den Planeten über ihr Bett. Der Stern berührt die Bilder mit seinem Sternenstaub, und die Planeten schweben aus dem Bild heraus und drehen über Lauras Bett ihre Bahnen.

»Wow!«, staunen Laura und Tommy, und auch Bär, Hase und Beschütz-mich-Hund sehen dem Planetentanz begeistert zu.

Die Oper

Eines Morgens sagt Mama: »Heute fahren wir zur Oper, damit ihr auch einmal seht, wo ich jetzt arbeite.«

Die Oper ist ein großes Haus mitten in der Stadt. Vorne ist es mit Figuren und Ornamenten geschmückt. Und als Laura mit Mama und Papa und Tommy hineingeht, bleibt ihr der Mund offen stehen vor Staunen.

Alles ist so groß und prächtig! Die breite Treppe, die sie hinaufgehen, ist verziert, und auf dem Boden liegt ein roter Teppich. Laura macht den Verschluss ihres Rucksacks auf, damit der Stern alles gut sehen kann. Denn natürlich hat sie ihn wieder dabei.

»Das sieht ja aus wie ein Museum!«, sagte sie. Mama nickt.

»Das Opernhaus ist über zweihundert Jahre alt«, antwortet sie. »Viele große Musiker haben hier schon gespielt.«

»Und jetzt spielst du hier«, sagt Laura.

»Toll, nicht? Aber wartet erst mal, bis ihr den Opernsaal seht!«, sagt Mama.

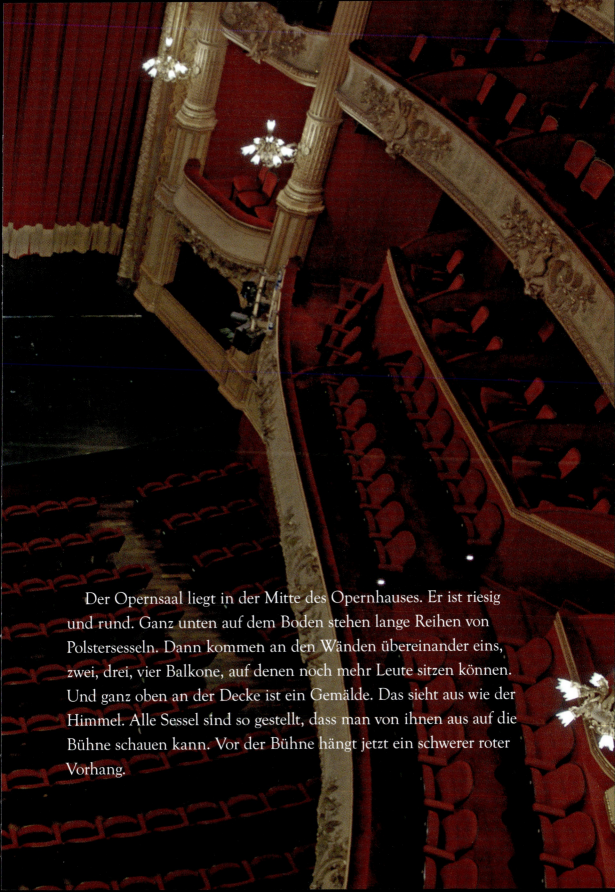

Der Opernsaal liegt in der Mitte des Opernhauses. Er ist riesig und rund. Ganz unten auf dem Boden stehen lange Reihen von Polstersesseln. Dann kommen an den Wänden übereinander eins, zwei, drei, vier Balkone, auf denen noch mehr Leute sitzen können. Und ganz oben an der Decke ist ein Gemälde. Das sieht aus wie der Himmel. Alle Sessel sind so gestellt, dass man von ihnen aus auf die Bühne schauen kann. Vor der Bühne hängt jetzt ein schwerer roter Vorhang.

Mama geht auf die Bühne und setzt sich auf einen Stuhl vor dem Vorhang. Dann spielt sie für Laura und Papa und Tommy etwas auf ihrem Cello vor.

Laura beugt sich zu ihrem Rucksack und macht ihn auf, damit der Stern besser hören kann, was Mama spielt. Da merkt sie, dass der Stern verschwunden ist! Erschrocken schaut Laura sich um. Hier zwischen den Sesseln ist er nirgends, und oben bei den Balkonen sieht sie ihn auch nicht herumschweben. Aber hinter dem Vorhang entdeckt sie einen Schein. Laura schielt zu Papa und Tommy hinüber. Die beiden sind ganz versunken in Mamas Musik.

Schnell rutscht Laura von ihrem Sessel und schleicht sich davon. Sie geht durch eine Tür, die Mama ihnen zuvor schon gezeigt hat. Dahinter liegt groß und dunkel die Bühne.

»Hier ist ja fast noch mal so viel Platz wie auf der anderen Seite!«, denkt Laura. Sie geht vorsichtig über die hölzernen Bühnenbretter und sieht sich staunend um. Von der Decke hängen Hunderte von Lampen und große Gestelle, an denen riesige Bilder befestigt sind. Ob das die »Bühnenbilder« sind, von denen Mama bei der Herfahrt erzählt hat?

Plötzlich sieht Laura weiter hinten einen Lichtschein, der sich bewegt. Sie geht näher heran. Es ist ihr Stern! Er schwebt um eine große Wolke aus Pappkarton, die an der Wand lehnt.

»Dir gefällt's hier wohl?«, fragt Laura.

Der Stern stäubt zur Antwort seine Glitzerfunken über einen Mond und eine Sonne aus Holz und Pappe. Die beiden beginnen, langsam nach oben zu schweben und sich zu drehen. Der Stern tanzt und dreht sich mit ihnen.

»Erinnert dich das an dein Zuhause?«, fragt Laura.

Immer höher hinauf schwebt der Stern mit Sonne und Mond, immer höher hinauf in den dunklen Bühnenraum. Laura merkt plötzlich, wie weit weg er schon ist, und sie bekommt Angst.

»Stern! Wo willst du denn hin?«, ruft sie leise. »Bitte nicht so hoch!«

Ganz fern schon drehen sich Sonne, Mond und Stern jetzt.

»Hey! Komm zurück, kleiner Stern! Das ist nicht lustig!«

Endlich kommt der Stern zu ihr zurück. Auch Sonne und Mond sinken herunter und bleiben wieder still neben der Wolke liegen. Laura atmet auf.

»Was war denn nur los mit dir?«, murmelt sie. »Du hast mir echt Angst eingejagt!«

Heimweh

Beim Abendessen fragt Laura: »Du, Papa? Wohin gehören Sterne?«

»Sterne?«, sagt Papa überrascht. »In den Weltraum, würde ich sagen.«

»Hm«, macht Laura.

»Und ins Kinderzimmer?«, fragt sie dann weiter.

Papa grinst.

»Ja klar! Ich hatte früher ganz viele Sterne. Das waren so kleine Aufkleber, und die konnten sogar leuchten!«, antwortet er.

Laura schüttelt den Kopf. Also Papa hat schon mal überhaupt keine Ahnung von Sternen. Deshalb fragt sie jetzt: »Mama? Können Sterne traurig sein?«

Mama denkt kurz nach und sagt dann: »Wer weiß? Vielleicht wenn sie sich einsam fühlen oder weit weg von zu Hause sind?«

»Hm«, macht Laura wieder. Ihr Blick fällt durch das Küchenfenster auf den Sternenhimmel draußen.

Weit weg von zu Hause …

Am Abend will Laura mit dem Stern Verstecken spielen. Das war bisher immer sehr lustig, denn der Stern denkt sich die tollsten Verstecke aus. Laura zählt bis zwanzig. Dann ruft sie: »Ich komme!«

Aber diesmal hat der Stern sich gar nicht versteckt. Er schwebt müde vor der Fensterscheibe.

»Willst du nicht spielen?«, fragt Laura.

Da bemerkt sie, dass das Licht des Sterns plötzlich anders aussieht. Es leuchtet nicht mehr so hell.

»Was ist denn mit deinem Licht los?«, fragt Laura erschrocken. »Bist du krank, oder ...«

Ihr Blick wandert durchs Fenster nach draußen. Über den Dächern strahlen und funkeln am Himmel die anderen Sterne.

»Hast du vielleicht Heimweh, kleiner Stern?«, fragt Laura leise.

Der Stern drückt seine Zacken fester an die Scheibe.

»Willst du - nach Hause?«

Der Stern rührt sich nicht.

Laura schluckt.

»Soll ich dir das Fenster aufmachen?«, fragt sie. Dann öffnet sie es.

»Wenn du wirklich gehen willst, dann ...«

Der Stern beginnt mit einem Mal, wieder heller zu strahlen, und schwebt nach oben.

Da streckt Laura hastig die Arme vor und fängt ihn wieder ein.

»Ich hab's! Du hast gar kein Heimweh. Du bist einfach nur müde!«

Sie zieht ihn ins Zimmer zurück und macht das Fenster zu.

»Das war auch ein ziemlich aufregender Tag heute«, sagt sie. »Einmal richtig ausschlafen, und morgen ist alles wieder gut!«

Sie trägt den Stern hinüber zum Puppenbett, legt ihn hinein und deckt ihn sorgfältig zu.

Bär und Hase sitzen auf ihrem Bett und sehen neugierig zu, was Laura macht. Sie legt den Finger auf die Lippen und flüstert: »Schön leise sein!«

Dann schleicht sie aus dem Zimmer, sagt dem Stern »Gute Nacht« und schließt die Tür hinter sich.

Der Cellobogen

Mama hat heute ihre erste Vorstellung in der Oper. Sie ist ein bisschen aufgeregt und außerdem spät dran. Als Laura aus ihrem Zimmer kommt, ist Mama schon aus der Wohnung. Laura läuft ins Übe-Zimmer. Das heißt so, weil Mama hier immer Cello übt. Da stehen in der Mitte Mamas Übe-Stuhl und ihr Notenständer.

Laura öffnet das Fenster. Von hier aus kann sie sehen, wie Mama unten auf der Straße ihren großen Cellokasten ins Auto lädt.

»Mama!«

Laura winkt.

»Tschüs, mein Schatz!«, ruft Mama und winkt zurück. Dann steigt sie ins Auto.

Laura schließt das Fenster wieder und will zu Papa und Tommy gehen, die in Tommys Zimmer ein Buch lesen. Da entdeckt sie etwas:

Neben dem Notenständer liegt ...

Laura erschrickt. Da liegt Mamas Cellobogen! Aber den braucht sie doch heute Abend zum Spielen in der Oper! Vielleicht kann Laura sie noch erwischen, wenn sie sich beeilt!

Ohne weiter zu überlegen, schnappt Laura den Bogen und stürmt aus der Wohnung. Im Treppenhaus nimmt sie immer zwei Stufen auf einmal, manchmal sogar drei. Aber als sie unten die Haustür aufreißt, sieht sie Mamas Auto gerade wegfahren. Vielleicht hat sie eine Chance, und Mama muss vorne an der Kreuzung anhalten? Laura rennt hinterher. Zu spät. Sie erwischt Mama nicht. Auch nicht an der nächsten und der übernächsten Kreuzung. Schließlich ist das Auto ganz verschwunden, und Laura bleibt stehen.

Was jetzt? Am Straßenrand entdeckt Laura einen Stadtplan. Die Oper ist groß darauf abgebildet und der Weg dorthin gar nicht mehr weit. Laura beschließt, zur Oper zu laufen und Mama ihren Bogen zu bringen. Sie schaut sich den Weg auf dem Stadtplan noch mal ganz genau an und läuft dann weiter.

Mittlerweile hat Papa Tommy das Buch zu Ende vorgelesen, und er findet, dass es Zeit fürs Bett ist. Als er Tommy zum Zähneputzen scheucht, fällt ihm auf, dass Laura schon länger nicht mehr aufgetaucht ist. Vorsichtig öffnet er ihre Zimmertür.

Der Bär, der Minnie-Hase und der Stern hören ihn kommen und verstecken sich schnell unter der Bettdecke. Als Lauras Papa die Zimmertür öffnet, wölbt und bewegt sich die Bettdecke, sodass es aussieht, als würde Laura darunter liegen.

»Laura? Schläfst du schon?«, fragt Papa leise.

Die drei unter der Decke versuchen, einer schlafenden Laura so ähnlich wie möglich zu sein. Sie wollen nämlich nicht, dass Lauras Papa sie sieht. Und außerdem wollen sie nicht, dass Laura Ärger bekommt, weil sie weggelaufen ist.

»Noch ein Gutenachtkuss? Hm?«

Als Laura nicht antwortet, lächelt ihr Papa und flüstert: »Gute Nacht!«

Leise schließt er die Tür hinter sich.

Die richtige Laura liegt natürlich nicht in ihrem Bett. Sie geht durch die Straßen und ist sich immer weniger sicher, dass sie noch auf dem richtigen Weg zur Oper ist.

Sie hätte doch längst über eine große Brücke kommen müssen, oder? Stattdessen kommt sie an einer Baustelle vorbei.

»Hallo? Ist da jemand? Ich glaub, ich hab mich verlaufen«, sagt Laura.

Doch hier sind keine Leute auf der Straße, die ihr helfen könnten. Plötzlich bekommt Laura Angst. Sie ist ganz allein auf der dunklen Straße. Was soll sie jetzt bloß tun?

Lauras Stern spürt, dass sie Angst hat und ihn braucht. Er will zu ihr und ihr helfen! Aber wie soll er aus Lauras Zimmer herauskommen? Die Tür ist zu. Das Fenster ist zu. Der Stern kreiselt im Zimmer umher und sucht nach einem Weg nach draußen.

Schließlich beginnt er, sich durch den schmalen Spalt unter der Terrassentür zu quetschen. Eine Zacke ist schon draußen. Von drinnen schieben der Bär und der Hase. Und dann kommt zum Glück auch noch Hilfe von außen. Auf dem Dach gehen nämlich gerade Muschka und die Blechkatze zusammen spazieren. Sie sehen die Zacke und fangen an, daran zu ziehen. Und mit vereinten Kräften – Bär und Hase schieben den Stern von innen, und die beiden Katzen ziehen ihn von außen – gelingt es! Whiiisch! – zischt der Stern plötzlich in den Nachthimmel hinauf.

Muschka und die Blechkatze kullern übers Dach, Bär und Hase stoßen sich die Nasen an der Tür, aber sie haben es geschafft. Der Stern kreiselt zum Dank ein paar Mal über dem Dach.

Und diesen Schein sieht Max von seinem Zimmer aus. Erstaunt starrt er aus dem Fenster.

»Ein Stern!«, ruft er verblüfft. »Ein echter fliegender Stern!«

Was macht dieser Stern bloß? Er fliegt weg! Aber wohin??

»Also los!«, denkt Max. »Jetzt oder nie!«

So schnell wie diesmal ist er noch nie auf die Straße runtergerannt. Zum Glück steht sein Rad noch draußen. Er schwingt sich in den Sattel. Da! Da vorne fliegt der Stern!

Max radelt los. Der Stern führt ihn in die Richtung, in der der alte Güterbahnhof liegt. Was will er denn da? Ringsum gibt es doch nur alte Fabrikhäuser, die leer stehen!

Max keucht. Der Stern fliegt schnell. Aber immer, wenn Max meint, dass er ihn endgültig verloren hat, sieht er ihn gerade noch hinter dem nächsten Dach verschwinden.

Der Flug über die Stadt

Laura ist inzwischen in einem Hinterhof gelandet, in dem nur ein Müllcontainer steht. Sie will gerade wieder umkehren, da wird sie von einem hellen Licht geblendet. Es ist ihr Stern!

»Du bist es!«, ruft Laura. »Bin ich froh, dich zu sehen!«

Der Stern tanzt vergnügt um Laura herum. Sie streckt die Arme aus und fängt ihn in ihren Händen. Da fliegt der Stern ein Stückchen nach oben und zieht sie mit sich.

»Uääh!«, macht Laura.

Sie setzt sich zwischen den Zacken des Sterns zurecht, und übermütig saust der Stern mit einem Glitzerschweif aus Sternenstaub über die Dächer davon.

Laura lacht begeistert auf und ruft: »Wir fliegen!«

Unten auf der Straße bremst Max sein Fahrrad. Mit aufgerissenen Augen starrt er Laura und dem Stern hinterher.

»Was ist das denn?!«, staunt er. »Ich glaub, ich träume!«

Der Stern fliegt in den Himmel, hinein in die sausenden Wolken, auf den Mond und die anderen Sterne zu. Laura lacht vor Vergnügen. Im Bauch hat sie das schöne ängstliche Gefühl wie im Karussell. Nur tausendmal toller!

In der einen Hand trägt sie Mamas Cellobogen, mit der anderen hält sie sich an einer Sternenzacke fest.

»Das war super, kleiner Stern«, sagt sie. »Und jetzt zur Oper!«

Der Stern fliegt etwas ruhiger, sodass Laura unter sich die Stadt liegen sieht.

Da leuchten und glänzen die Lichter der Häuser und die Lichter der Autos, die in den Straßen fahren. Wie ein breites dunkles Band zieht sich der Fluss durch die Stadt.

Und dann erkennt Laura das Opernhaus. Das große Gebäude ist jetzt auch hell erleuchtet. Unten durch die Türen gehen Leute hinein.

Laura erschrickt.

»Die Aufführung! Sie fangen gleich an! Los, schnell, kleiner Stern, sonst schaffen wir's nicht rechtzeitig!«

Der Stern fliegt durch ein geöffnetes Fenster im Dach der Oper und setzt Laura ab.

Vor der Oper hält in diesem Moment Max sein Fahrrad an.

»Ob sie da reingeflogen sind?«, denkt er und schaut nachdenklich auf das prächtige Haus.

Laura geht inzwischen über eine lange Metallbrücke, die an Seilen hoch über der Bühne hängt. Da unten wuseln noch ein paar Leute herum, die die letzten Bühnenbilder auf ihren Gestellen an die richtigen Plätze rücken.

»Puh! Es hat noch nicht angefangen«, flüstert Laura erleichtert.

Sie klettert von der Hängebrücke herunter und schleicht sich an den Arbeitern vorbei hinter die Bühne. Und Laura hat Glück.

Auf dem Weg dorthin entdeckt sie Mama. Sie sitzt, mit dem Rücken zu ihr, und telefoniert gerade mit Papa.

»Da ist er auch nicht?«, sagt sie. »So ein Mist! Und das ausgerechnet an meinem ersten Abend! – Ja, natürlich kann ich einen anderen kriegen. Aber du weißt doch, dass ich an meinem alten Bogen hänge. Er bringt mir Glück!«

Laura schleicht sich vorsichtig hinter Mama und legt den Bogen auf Mamas Noten ab.

»Bis später, tschüs!?«, sagt die gerade und legt auf.

Laura huscht wieder zurück in ihr Versteck.

Mama dreht sich um, und da sieht sie – ihren Bogen liegen!
Sie stutzt, hebt ihn auf und murmelt:
»Ist ja verrückt.«
Mama wiegt den Bogen in der Hand und lacht.
Laura in ihrem Versteck kichert auch, stolz auf sich und den Stern. Dann schleicht sie zurück zum Dachboden, wo der Stern am offenen Fenster auf sie gewartet hat.
»Auftrag erledigt! Wir sind echt ein tolles Team!«, bedankt sie sich bei ihrem Stern.

Max beschließt gerade, dass es keinen Sinn hat, noch länger vor der Oper zu warten. Er wendet sein Fahrrad, um nach Hause zu fahren. Da trifft ihn ein Regentropfen.

Max legt den Kopf in den Nacken. In diesem Moment fliegen Laura und der Stern wieder vom Dach der Oper los. Als Max sie sieht, leuchten seine Augen auf. Also hat er sie doch noch nicht verloren! Und wieder schwingt er sich auf sein Rad.

»Bist du schon sehr müde? Oder hast du Lust, noch ein paar Loopings zu drehen?«, fragt Laura den Stern. Aber eine Windböe fegt jetzt auch ihr die ersten kalten Regentropfen ins Gesicht. Der Regen wird immer stärker. Die Tropfen prasseln von allen Seiten herunter. Sie haben noch nicht einmal den Fluss erreicht, da sackt der Stern ab.

Laura schreit auf.

»Vorsicht! Was machst du denn?! Das ist nicht witzig!!«

Der Stern fängt sich wieder, aber mit dem ruhigen Flug ist es vorbei. Der Wind reißt ihn in der Luft hin und her. Sein Licht beginnt immer stärker zu flackern.

Max, der ihnen durch die nächtlich leeren Straßen folgt, runzelt die Stirn, als er sieht, wie die Flugbahn des Sterns immer mehr zu einer Zickzackbahn wird.

»Laura!«, ruft er erschrocken und tritt stärker in die Pedale, um sie nicht zu verlieren.

Regentropfen perlen dem Stern von den Zackenspitzen. Das Pflaster, mit dem Laura ihn zusammengeklebt hat, ist schon völlig durchweicht. Es fängt an, sich an den Ecken aufzurollen, und klebt nicht mehr gut. Laura wirft zufällig einen Blick nach unten und entdeckt, was passiert.

»Nein! Halt! Nicht abgehn!«, ruft sie ängstlich und versucht, das Pflaster mit der Hand wieder anzudrücken. Aber es ist zu spät. Mit einem neuen Windstoß reißt es ganz ab, und die angeklebte Zacke fällt.

»Oh je!«, denkt Laura. »Oh je!«

Dann geht alles ganz schnell. Der Stern flackert. Immer schwächer glimmt sein Licht. Und zuletzt – geht es aus. Der Stern stürzt.

Um Laura herum beginnt sich alles zu drehen. Entsetzt kneift sie die Augen zu.

Zum Glück ist der Stern inzwischen schon recht tief gesunken. Laura fällt in die Krone eines Baumes. Die Blätter bremsen ihren Sturz. Dann plumpst sie ganz herunter und landet in einem Müllcontainer auf einem Haufen leerer Pizzaschachteln.

Tommy schreckt hoch. Er sitzt in seinem Bett und sieht sich um. Alles wirkt ganz normal. Aber irgendetwas ist gerade passiert. Nur was?

Da fällt Tommys Blick auf seinen Beschütz-mich-Hund. Reglos und still liegt er auf der Bettdecke. Er ist nicht mehr lebendig. Und auch in Lauras Zimmer nebenan hören in diesem Moment Bär und Minnie-Hase auf, sich zu bewegen.

Laura im Müllcontainer dreht den Kopf und richtet sich vorsichtig auf. Mit ihr ist alles in Ordnung. Aber wo ist der Stern?!

Sie springt auf und wühlt zwischen den Pizzakartons. Da ist er nicht. Laura krabbelt aus dem Container und sieht sich um. Ein Müllauto fährt vorbei. Laura läuft ihm nach.

»Stopp!«, ruft sie. »Ich glaube, Sie haben meinen Stern mitgenommen!«

Aber nach ein paar Schritten bleibt sie stehen und lässt mutlos die Schultern sinken. Der Stern kann überall sein.

»Wo bist du nur, kleiner Stern?«, murmelt Laura und läuft weiter.

Max hat nicht gesehen, wie der Stern mit Laura abgestürzt ist. Die beiden waren gerade hinter einem Hausdach versteckt. Aber er hat gesehen, dass sie im Flug etwas verloren haben. Und das muss ganz in seiner Nähe runtergefallen sein! Vor Max taucht der Fluss auf, und er hält sein Fahrrad an. Am Ufer des Flusses schaukelt eine alte Blechdose auf den Wellen. Das ist nichts Ungewöhnliches. Aber plötzlich glaubt Max, in der Dose kurz etwas aufleuchten zu sehen …

Laura ist inzwischen auch am Fluss angelangt. Unter einer Brücke bleibt sie stehen. Verzweifelt sieht sie sich um. Nirgends Sternenschein. Nur Straßenlaternen.

Laura hockt sich hin. Wie soll sie in dieser riesigen Stadt nur einen kleinen Stern finden?

Da sieht auch sie etwas aufleuchten. Das Licht kommt aus dem Fluss!

»Stern? Bist du das?«

Laura balanciert über ein paar Boote, die am Ufer liegen, bis sie den Lichtschein erreicht. Es ist tatsächlich ihr Stern! Er schwimmt im Wasser.

»Halte durch!«, flüstert Laura. »Ich rette dich!«

Sie greift ins Wasser und holt den Stern heraus. Kaum hält sie ihn in den Händen, verlischt sein Licht langsam.

»Oh nein!«, ruft Laura. »Du musst weiterleuchten! Bitte!«

Aber der Stern bleibt grau und leblos. Laura drückt ihn fest an sich.

»Das hab ich wirklich nicht gewollt«, schluchzt sie.

Max ist den Fluss entlanggegangen und hat immer wieder nach Laura gerufen.

Als er sich jetzt der Brücke nähert, hört er Lauras Schluchzen.

»Hallo?«, fragt er. »Laura? Bist du das?«

Laura hebt den Kopf.

»Was machst du denn hier?«, schnieft sie.

Max zuckt mit den Schultern.

»Keine Ahnung«, sagt er. »Dich suchen vielleicht. Ich hab was gefunden. Etwas, das du verloren hast.«

Laura sieht ihn böse an.

»Ich hab gar nix verloren«, sagt sie. »Und jetzt lass mich in Ruhe!«

»Alles okay?«, fragt Max.

Laura schüttelt den Kopf. Gar nichts ist okay!

Und mit einem Mal kommt alles aus ihr herausgesprudelt:

»Mein Stern hatte Heimweh, und jetzt ist er abgestürzt! Wenn ich wenigstens noch seine Zacke hätte, aber ich hab die Zacke verloren, weil mein blödes Pflaster im Regen nicht gehalten hat! Und jetzt ...«

Wieder kann Laura nicht weiterreden, weil sie so weinen muss. Da greift Max in seine Hosentasche und holt etwas heraus.

»Suchst du vielleicht die hier?«, fragt er und hält ihr – die Zacke hin!

Sie war es, die in der Dose im Fluss vorhin so geleuchtet hat. Max hat sie herausgeholt und sofort wiedererkannt, dass es genau das Ding ist, das er im Park gefunden hat, in der Nacht mit den schwebenden Lichtfunken.

Lauras Augen leuchten auf.

»Halt mal!«, sagt sie und reicht Max den Stern. Verdattert greift Max danach und sieht zu, wie Laura ihr Hosenbein hochkrempelt. Auf ihrem Knie klebt noch immer das Pflaster vom Zusammenstoß mit Max. Das reißt sie jetzt ab. Max versteht. Er hält die Zacke an den Stern, und Laura klebt sie mit dem Pflaster fest. Aber der Stern leuchtet nur kurz auf und erlischt dann gleich wieder.

Max schluckt und sucht nach einer Lösung.

»Vielleicht – vielleicht könnten wir …«, stammelt er. Aber ihm fällt nichts ein. Da sagt Laura: »Ich muss den kleinen Stern nach Hause bringen. Zwischen Sonne und Mond. Er hat's mir gezeigt.«

Nach Hause

Max radelt los, Laura sitzt hinten auf seinem Gepäckträger und hält den Stern fest im Arm.

»Keine Angst, kleiner Stern!«, tröstet sie ihn. »Alles wird gut.«

Max fährt so schnell er kann, und bald stehen sie wieder vor dem Opernhaus.

»Wir nehmen den Bühneneingang«, sagt Laura und ist froh, dass sie sich gemerkt hat, wo der ist. Der Pförtner ist ganz vertieft in seine Zeitung, sodass Laura und Max unbemerkt an ihm vorbeischleichen können. Dann rennen die beiden ein paar leere kahle Gänge entlang.

»Die muss es sein«, sagt Laura schließlich und drückt die Klinke einer Metalltür. Jetzt stehen Max und sie auf der großen Opernbühne, und zwar ganz hinten. Vor ihnen hängt eine Stoffwand. Das ist das Hintergrundbild der Bühne. Direkt auf der anderen Seite hinter einem schweren roten Vorhang öffnet sich der große Opernsaal, wo Hunderte von Leuten gespannt auf die Bühne schauen. Dort sitzt Lauras Mama und spielt Cello.

Aber all das können Laura und Max nicht sehen. Es scheint weit, weit weg. Wie am anderen Ende der Welt. Nur die Musik klingt leise zu ihnen nach hinten. Laura zieht Max dorthin, wo am Vormittag die Wolke, die Sonne und der Mond gelegen haben. Aber sie sind nicht mehr da.

Laura sieht sich um. Da entdeckt sie Sonne und Mond ganz weit oben unter einem schwarzen Bühnenhimmel voller Sterne schweben. Sie gehören zu dem Stück, das gerade gespielt wird!

Laura ist schon dabei, die Treppe hinaufzuklettern, die zu der eisernen Hängebrücke führt. Max klettert hinterher.

Als sie endlich oben auf der Brücke stehen, fasst Laura ihren Stern mit beiden Händen und blickt zuerst in die Tiefe und danach in den Bühnenhimmel.

Sie ist sich mit einem Mal gar nicht mehr sicher, dass das wirklich der richtige Platz für den Stern ist.

Da drehen sich plötzlich Sonne und Mond zu ihr um und sehen sie an. Sie sind keine Figuren aus Pappe mehr. Sie sind lebendig geworden.

»Richtig, Laura«, sagt der Mond. »Lass ihn fliegen!«

Die Sonne runzelt ihre Stirn.

»Was soll das denn sein?«

»Mein Stern!«, sagt Laura und hält ihn hoch, damit die beiden ihn sehen können.

Die Sonne erwidert: »Stern? Aber der leuchtet doch gar nicht! Es war völlig sinnlos, den hier anzuschleppen.«

Doch der Mond sagt: »Lass ihn los! Du glaubst doch, dass er fliegen kann?«

»Ich hoffe es«, antwortet Laura zögernd.

»Ach, das ist doch Unsinn!«, fällt die Sonne ihr ins Wort. »Der fällt nur runter, platzt in tausend Stücke, und du kannst die Scherben aufsammeln. Nimm ihn lieber wieder mit zu dir nach Hause! Da geht's ihm doch gut!«

Lauras Blick geht unentschlossen zwischen dem Mond und der Sonne hin und her. Dann bleibt er Hilfe suchend am Mond hängen. Aber der sagt sanft: »Schau nicht uns an. Du bist es. Du musst entscheiden.«

Laura schluckt.

Selbst entscheiden ist das Schwerste auf der Welt.

Zuletzt dreht sie sich zu Max um. Doch der kann ihr in diesem Moment auch nicht helfen.

Laura holt tief Luft, dann hält sie ihren
Stern in die Höhe. »Flieg, kleiner Stern!«, flüsterte Laura.
»Flieg! Bitte!«

Und sie öffnet die Hände. Da beginnt der Stern
mit einem Mal wieder zu leuchten und zu strahlen.
Langsam schwebt er nach oben in den Himmel hinauf.

Aber das ist jetzt gar nicht mehr der Bühnenhimmel! Nein! Das ist das Weltall! Und Laura und Max werden hinter dem Stern hergezogen. Schwerelos, in einem Strom von Sternenstaub!

Laura fühlt sich plötzlich so froh, dass sie laut lachen muss, und Max lacht mit.

Sie fliegen an Planeten vorbei und an Monden, und um sie herum leuchten Tausende von Sternen. Auch Lauras Stern ist dabei. Seine Zacken leuchten wieder hell.

Langsam schwebt er auf Laura zu.

»Mach's gut, kleiner Stern!«, sagt Laura und streichelt ihn sanft. »Ich werd dich niemals vergessen!«

Glücklich dreht der Stern ein paar Kreise. Dann fliegt er davon.

Plötzlich sieht Laura die Blechkatze. Mit einem Propeller auf dem Kopf tuckert sie an ihnen vorbei und nimmt Kurs auf einen weit entfernten Sternennebel.

»Max, deine Katze!«, sagt Laura.

»Meine Katze?«, fragt Max erstaunt zurück. »Ich dachte, das ist deine!«

»Hm«, macht Laura und sieht der Katze hinterher. Vielleicht ist es ja eine Weltallkatze, die niemandem gehört außer sich selbst. Und jetzt hat sie sich auf der Erde lange genug umgesehen und fliegt wieder zurück. Nach Hause. Zu ihrem Planeten.

Aber lange denkt Laura nicht über die Katze nach, denn jetzt kommt noch etwas angeflogen, aber etwas viel Größeres. Der Flugbus von Max! Und am Steuer sitzt – Tommy! Zusammen mit Muschka, Bär und Minnie-Hase und seinem Beschütz-mich-Hund!

»Guck mal, Laura!«, ruft Tommy. »Ich bin ein Pilot! Und Bär und Minnie-Hase sind meine Co-Li-poten!«

»Dürfen wir deine Passagiere sein?«, fragt Max.

»Na klar!«, antwortet Tommy. »Ich und meine Co-Li-poten haben noch viel Platz! – Max, dein Flugzeug fliegt echt super!«

Während Laura und Max einsteigen, sieht Muschka draußen vor dem Fenster etwas vorbeisegeln. Es ist – das Pflaster! Der Stern braucht es jetzt nicht mehr.

Schnell langt Muschka danach. Und endlich! Sie erwischt es, und das Pflaster klebt an ihrer Pfote fest.

Tommy dreht am Steuer und nimmt Kurs auf die Erde.

Laura aber winkt ihrem Stern, solange sie ihn sehen kann. Und der Stern winkt mit einem Lichtstrahl zurück.

»Laura? Zeit zum Aufstehen!«

Als Laura ihre Augen aufschlägt, sieht sie Mama und Papa ins Zimmer kommen. Auch Tommy kommt herein und hüpft zu Laura aufs Bett.

»Na, habt ihr was Schönes geträumt?«, fragt Mama.

»Ja!«, ruft Tommy.

Laura lächelt und wechselt einen Blick mit ihrem Bruder. Sie weiß genau, welchen Traum Tommy meint.

»Aufstehen, anziehen, fertig machen!«, sagt Papa. »Wir haben eine Überraschung für euch.«

Er zieht die Vorhänge auf. Die Sonne scheint herein, und Laura sieht, wie ein Spielzeugflugzeug übers Dach geflogen kommt.

»Welche Überraschung denn?«, fragt Tommy.

»Wir dachten, ihr wollt dieses Wochenende aufs Land«, sagt Papa. »Euer altes Zuhause wiedersehen?«

Draußen auf der Dachterrasse taucht jetzt Max auf. Er hebt seinen Flieger auf und ruft: »Guck mal, Laura, er fliegt wieder!«

»Können wir nicht ein anderes Wochenende aufs Land fahren?«, sagt Laura.

Mama und Papa werfen sich einen überraschten Blick zu.

»Warum denn?«

»Wir sind doch gerade erst angekommen«, sagt Laura. »Zu Hause.«

Dann macht sie die Tür auf, und sie und Tommy stürmen hinaus zu Max.

Er wirft Laura das Flugzeug zu. Sie fängt es auf und lässt es zu ihm zurücksegeln.

Heute wird ein wunderbarer Tag. Das spürt Laura ganz deutlich.

Glücklich wirft sie einen Handkuss in den Himmel. Und auch wenn sie ihren Stern jetzt nicht sehen kann: Der Kuss wird richtig ankommen. Ganz sicher.

Klaus Baumgart, Jahrgang 1951, gehört mit seinen weltweit über 16 Millionen verkauften Büchern zu den international erfolgreichsten Bilderbuchkünstlern. Der renommierte Grafikdesigner erhielt zahlreiche internationale Preise und Auszeichnungen. 1999 wurde er als erster deutscher Autor für den englischen CHILDREN'S BOOK AWARD nominiert.
Zu seinem Gesamtwerk gehören neben »Lauras Stern« u.a. auch das Bilderbuch »Die kleine Traummischerin« sowie die in Zusammenarbeit mit Til Schweiger entstandenen Bilderbücher »Keinohrhase« und »Zweiohrküken«.
Klaus Baumgart lebt mit seiner Frau und Hund Brisco in der Nähe von Berlin.

Cornelia Neudert wurde 1976 in Eichstätt geboren. Sie studierte deutsche und englische Literaturwissenschaft und macht seit vielen Jahren Radioprogramm für Kinder. Außerdem arbeitet sie als freie Autorin und schreibt Kinderbücher, in Zusammenarbeit mit Klaus Baumgart u.a. die »Lauras Stern«-Erstleser sowie die »Lauras Stern«-Gutenacht-Geschichten und -Filmbücher.

Zauberhafte Abenteuer mit Laura und ihrem Stern!

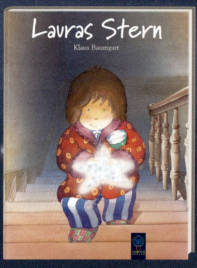

Lauras Stern
ISBN 978-3-8339-0001-3

Lauras Stern – Fantastische Gutenacht-Geschichten
ISBN 978-3-8339-0092-1

Laura und der Vorlesetag
ISBN 978-3-8339-0638-1

Laura und das Pony
ISBN 978-3-7857-8230-9

Zum Vorlesen, Selberlesen und auch zum Hören

Alle Bücher und Hörspiele zu Lauras Stern finden Sie auch unter: baumhaus-verlag.de

BAUMHAUS